A todos que sabem construir os compassos de uma vida feliz.

2ª edição, 2016
1ª reimpressão, 2021

TEXTO ADEQUADO ÀS REGRAS DO NOVO ACORDO ORTOGRÁFICO DA LÍNGUA PORTUGUESA

Coordenação editorial: Miriam Gabbai
Editora assistente: Áine Menassi
Tradução e adaptação do original: Helena B. Gomes Klimes
Escaneamento e tratamento das imagens: Márcio Uva
Diagramação: Carlos Magno

**CIP-BRASIL. CATALOGAÇÃO-NA-FONTE
SINDICATO NACIONAL DOS EDITORES DE LIVROS, RJ**

S222c
2.ed.

Santa Rosa, Nereide S.

Carlos Gomes / Nereide S. Santa Rosa ; ilustração Angelo Bonito. - 2.ed. - São Paulo : Callis Ed., 2016.
24 p. : il. ; 21 cm.

ISBN 978-85-7416-450-2

1. Gomes, Carlos, 1836-1896 - Infância e juventude - Literatura infantojuvenil. 2. Compositores - Brasil - Biografia - Literatura infantojuvenil. 3. Literatura infantojuvenil brasileira. I. Bonito, Angelo. II. Título.

16-37099 CDD: 927.8168
CDU: 929:78.071.1

17/10/2016 18/10/2016

ISBN: 978-85-7416-450-2

Impresso no Brasil

2021
Callis Editora Ltda.
Rua Oscar Freire, 379, 6º andar • 01426-001 • São Paulo • SP
Tel.: (11) 3068-5600 • Fax: (11) 3088-3133
www.callis.com.br • vendas@callis.com.br

Crianças Famosas

CARLOS GOMES

Nereide S. Santa Rosa e Angelo Bonito

callis

Na pequena vila de Campinas, um som forte e vibrante foi ouvido. Era o choro de Tonico. Nascera mais um dos filhos de nhá Biana.

Parecia até que ele já gostava de cantar! Afinal, o seu pai, nhô Maneco Músico, era compositor, músico e o regente da banda da vila.

Tonico nasceu em casa, um sobrado simples, na rua Regente Feijó, no ano de 1836.

Sua família era muito grande. Tonico tinha 12 irmãos por parte do pai e mais sete por parte da mãe. Mais tarde vieram mais seis irmãos, filhos de sua madrasta.

O seu irmão mais querido era José Pedro.

Juntos, eles se divertiam a valer pelas ruas empoeiradas da cidade.

Um de seus lugares preferidos era a Bica Grande, onde havia muito espaço e várias árvores frutíferas.

Tonico se sentia livre e feliz quando, entre as árvores e os arbustos, espiava os passarinhos e escutava seu canto. Depois, era só correr atrás deles e observar, nos ares, a debandada das aves.

Quase todos os dias, Tonico empinava pipa.

De vez em quando empinava na rua, outras vezes empinava no quintal da casa dos amigos.

Mas as pipas não eram só uma brincadeira. Tonico também as vendia e ganhava algum dinheiro com elas.

Quando chovia, Tonico era o primeiro a sair de casa.

Corria pelas ruas barrentas da vila para chegar perto das corredeiras formadas pela água da chuva. Achava divertido acompanhar os objetos que apareciam na enxurrada. Quantas vezes ele viu sapatos velhos, garrafas e até galinhas mortas!

O garoto Tonico encontrava alegria e diversão nas coisas simples que aconteciam na pequena vila onde morava.

A sua vida não era monótona.

Aconteciam muitas festas na cidade e Tonico e sua família sempre participavam delas.

As comemorações da Semana Santa, por exemplo.

Certa vez, Tonico, já com sete anos, foi escolhido para cantar na cerimônia religiosa, além de participar da procissão dos fiéis, vestido de anjo.

Sua mãe, nhá Biana, vestiu-o com muito cuidado, pois não queria estragar as pequenas asas brancas presas nas suas costas.

O pai recomendou que não fizesse nenhuma travessura. Mas isso era o mais difícil!

Durante a procissão, soltaram fogos e rojões. Ao ouvir os estouros e ver as faíscas que iluminavam a festa, Tonico pensou: “Que coisa linda! Tenho que ver isso”, e ficou ali, sem se preocupar com mais nada, encantado com as luzes e o barulho.

Foi então que ele percebeu a correria das crianças atrás das varas de rojões. Não pensou duas vezes. Saiu correndo com as asas de anjo e tudo. Pulou um muro e caiu no chão, perto de uma vara queimada.

Seu rosto ficou sujo de carvão e a roupa de anjo ficou bastante desarrumada. E todos disseram:

— *Eta* diabo de menino!

Certa vez, um fato engraçado aconteceu. O seu Maneco procurou seu par de botinas pela casa toda e não as encontrou em lugar algum. Procurou embaixo da cama, atrás da porta, no umbral da janela, e nada das suas botinas.

Qual não foi a sua surpresa quando as viu ao lado de Tonico, lá no meio do quintal.

Seu Maneco já ia dar uma bronca, quando, chegando mais perto, percebeu o que Tonico estava fazendo: ele havia construído uma viola com os cordões da botina e a tocava, imitando o seu músico preferido, o próprio pai.

O pai de Tonico, seu Maneco, dava aulas de violino, órgão, canto e piano, regia a banda da cidade e possuía uma pequena venda.

Sua situação financeira era boa e ele achava importante que seus filhos aprendessem música, além de uma profissão.

Aos oito anos, Tonico começou a aprender teoria musical com o pai e as primeiras noções da profissão de alfaiate.

Acompanhando o pai, ele ouvia e observava os instrumentos musicais.

Tonico gostava tanto de música que, enquanto caminhava pelas ruas, ia contando compassos e imaginando os sons das notas musicais.

O contato quase diário com os músicos da banda de seu Maneco ajudava a aumentar o seu interesse musical.

Os ensaios da banda eram muito divertidos. Todos participavam com alegria e dedicação.

Todas as noites, podiam-se ouvir as flautas, os bumbos, enfim, os instrumentos da banda. E lá estava Tonico apreciando tudo: a regência do maestro, a organização do grupo, as partituras, as conversas e as confusões.

Certa vez, o nhô Teles Sabugueiro, que tocava bumbo, foi chegando para o ensaio. Estava todo alegre e apressado. Veio conversando com todo mundo e foi logo ocupando o seu lugar na banda.

Quando seu Maneco apareceu para começar o ensaio, pediu que todos pegassem os seus instrumentos.

Só então nhô Teles percebeu que havia esquecido o bumbo. E isso era a última coisa que podia ter feito! Voltou correndo para casa, no mesmo minuto.

Tonico e os outros músicos deram muitas risadas.

Mas não eram só os músicos da banda que faziam Tonico se divertir. Ao lado da igreja, havia uma torre com um sino. Quando acontecia algo importante, o sineiro não parava de tocá-lo.

Tonico, então, chegava bem pertinho da torre, pois gostava de ouvir o repicar do sino.

Além disso, o sineiro era muito animado e costumava puxar a corda do sino com muita força. E aí era uma correria geral! Todo mundo saía de baixo da torre, que começava a balançar tal qual o sino.

O vigário da matriz ficava bravo e gritava:

— Pare de badalar o sino! A torre não vai aguentar!

Tonico se divertia muito!

A vida de Tonico não foi sempre alegre e divertida.

Seus grandes olhos negros iriam se encher de lágrimas.

Certo dia, quando ainda tinha só oito anos de idade, um fato triste aconteceu. Sua mãe Fabiana morreu assassinada.

Tonico ficou muito abalado com o fato.

Não conseguia compreender como aquilo havia acontecido! E o crime jamais foi bem explicado.

Nunca mais iria sentir as mãos de sua mãe acariciando seus longos cabelos.

A tristeza que se abateu sobre ele foi amenizada pelo carinho de sua madrinha. Tonico sempre a visitava, depois das aulas de música e das lições de alfaiataria.

Mas a saudade era ainda muito forte...

As brincadeiras começaram a ficar mais distantes e, assim, a vida continuava.

Tonico, então com dez anos, já tocava na banda do pai. Ao lado dele, seu irmão José Pedro tocava clarinete.

O instrumento de Tonico era um dos mais simples: o triângulo. Isso o deixava furioso. Não se conformava. Afinal, já conhecia teoria musical. Queria tocar os instrumentos "mais importantes" da banda. Mesmo assim, Tonico caprichava nas apresentações.

Já entendia que em um conjunto musical deve existir harmonia e união, feitas com a dedicação de cada músico.

A banda do seu Maneco era um sucesso!

No ano de 1846, a vila recebeu uma visita muito importante: D. Pedro II. Foi preparada uma grande festa, com várias homenagens ao imperador. Ruas enfeitadas, palanques e, é claro, a banda para homenagear o tão ilustre visitante.

D. Pedro II chegou à cidade e foi até a praça para ouvir a banda. Que emoção para o pequeno Tonico! Tocava ao lado de seu irmão e não tirava os olhos do imperador.

À noite, em sua casa, não conseguia esquecer aquela visão. O imperador o impressionara muito. Parecia até que ele adivinhava o seu futuro. Mais tarde, eles voltariam a se encontrar muitas vezes!

Tudo porque, dia após dia, Tonico se dedicava mais e mais à música.

Sua facilidade em aprender a tocar os instrumentos, seu ouvido musical e o seu belo canto deixavam claro para ele o caminho que deveria seguir em sua vida.

Quando, ao final do curso primário, com 11 anos de idade, estava debruçado, pensativo, no parapeito da janela da sala de aula, seu professor lhe perguntou:

— Pensando em quê?

Tonico respondeu:

— Em estudar música. Quero ser músico...

Então, começou a aprender a tocar piano.

Já adolescente, dedicava-se integralmente à música, estudando cada vez mais.

Além de piano, aprendeu clarinete, violino e flauta.

Aos 19 anos, compôs uma missa e resolveu apresentar a sua criação na Igreja Matriz, em homenagem a seu pai.

Regeu a peça, cantou e se emocionou.

Antônio Carlos Gomes, o grande compositor brasileiro, iniciava sua brilhante carreira.

Não queria saber mais de tocar na banda marcial:

— Sou compositor, e hei de encher mil resmas de papel, por força!

Seu pai não gostou muito dessa ideia, pois ele queria que Tonico ficasse só ajudando-o nas missas e na banda.

Mas o garoto havia descoberto os mestres músicos da Itália e os estudava intensamente. Seus olhos estavam voltados para muito além de Campinas.

Passado algum tempo, viajou para São Paulo, depois foi para o Rio de Janeiro, onde conseguiu a ajuda de D. Pedro II, que financiou seus estudos de música na Europa.

Não parou mais de compor.

Suas óperas emocionaram plateias de diversos países. Sua música ajudou-o a construir seu caminho, às vezes difícil e árduo, outras vezes alegre e feliz.

O sucesso e o reconhecimento de sua obra ficaram registrados para sempre. O travesso Tonico atravessou fronteiras. Ele buscou o seu destino.

Algumas de suas peças musicais e óperas:

A noite do castelo

Joana de Flandres

Il guarany

Fosca

Salvatore Rosa

Saudação do Brasil

Maria Tudor

Lo schiavo

O condor

Colombo

Nereide S. Santa Rosa é pedagoga, arte-educadora e autora de mais de cinquenta títulos. Publicou o seu primeiro livro infantojuvenil na Callis Editora em 1994 e, desde então, foi agraciada com diversos prêmios literários; entre eles, o Prêmio Jabuti, em 2004. Professora, orientadora técnica e coordenadora pedagógica, trabalhou na Secretaria Municipal de Educação da cidade de São Paulo.

Angelo Bonito desenha desde criança. Quando adolescente, trabalhou em agências de propaganda, tornando-se ilustrador. Com estúdio próprio, atua nos mercados publicitário, editorial, empresarial e de artes plásticas.